BIBLIOTHÈQUE
DES CATÉCHISMES ET DES INSTITUTIONS

SAINTE CATHERINE

PATRONNE

DES JEUNES FILLES

PAR L'ABBÉ V. DUMAX

Sous-Directeur général de l'Archiconfrérie de N.-D. des Victoires.

PARIS

RENÉ HATON, ÉDITEUR

33, rue Bonaparte

—

1883

SOMMAIRE

SAINTE CATHERINE

PATRONNE

DES JEUNES FILLES

Un mot d'introduction.

Jeunes lectrices, vous savez toutes que sainte Catherine est votre patronne ; vous aimez à célébrer sa fête, chaque année, le 25 novembre : mais connaissez-vous bien l'intéressante histoire de cette aimable Sainte ? Je vais vous la raconter, telle que nous la trouvons dans les plus anciennes annales de l'Église.

Pèlerinage à la vieille basilique de Saint-Clément à Rome.

Avant d'entendre ce récit, ne seriez-vous pas satisfaites de voir, pour ainsi dire, photographiés dans une série de tableaux, les principaux événements de la vie de votre sainte Patronne ? Ces peintures existent : on les doit à un peintre célèbre de l'Italie, du nom de Masaccio. Il en a décoré les murs d'une chapelle depuis longtemps dédiée à sainte Catherine.

Elle se trouve dans l'antique basilique de Saint-Clément à Rome.

II

Avec les facilités de transport que nous procurent aujourd'hui la vapeur et les voies ferrées, en quelques heures, on peut parcourir les vastes pays qui séparent de Paris la ville des Papes. Mais l'imagination a des moyens de locomotion plus prompts et plus rapides encore : un instant lui suffit pour franchir quatre cents lieues et plus de distance. Faites donc appel à votre imagination, jeunes lectrices, et partons de suite pour ce lointain voyage.

Nous voici à la porte de la vieille basilique de Saint-Clément. Les plus précieux souvenirs de la Rome primitive et des premiers siècles du christianisme sont conservés dans les deux étages de ses cryptes et de ses chapelles souterraines; et de toutes les contrées du monde, les archéologues viennent visiter les saintes et intéressantes curiosités qu'elle renferme elle-même.

Mais laissons toutes ces choses et tous ces souvenirs. Un autre motif nous amène, un trésor d'un autre genre doit attirer vos regards.

III

Apercevez-vous, en entrant dans la basilique, à votre droite, cette chapelle fermée par une vaste grille? C'est de ce côté qu'il faut vous diriger : cette chapelle est celle de sainte Catherine, dont je viens de vous parler.

En attendant que vous puissiez y pénétrer, age-nouillez-vous sur les degrés de pierre qui y conduisent, et saluez, dans une fervente prière, le saint pape Clément à qui la basilique est consacrée, et votre chère sainte Catherine, dont la gracieuse image domine l'autel.

Mais déjà un vieux sacristain, en soutane à parements violets, a ouvert la grille de la chapelle. Entrons-y, et levez les yeux sur la muraille latérale qui se dresse à votre gauche. Ces grandes fresques, que vous montre du doigt le vieux sacristain, sont les précieuses peintures de Masaccio.

Les peintures de Masaccio.

Onze ou douze encadrements, simulés au milieu des fresques, en partagent les divers tableaux.

Dans le premier, voyez-vous notre jeune Sainte, les yeux baissés et dans un profond recueillement? Elle est occupée à étudier et à méditer la loi de Dieu. La couronne qui est à ses pieds indique sa noble origine ; mais quelle modestie et quelle simplicité dans son vêtement ! Une longue robe d'un bleu foncé la couvre ; l'auréole d'or, symbole de la sainteté dont resplendit son front, est sa seule parure.

Dans le second tableau, des deux côtés d'une salle de palais, sont assis des hommes à l'air grave et sérieux ; leur costume rappelle celui des anciens philosophes de la Grèce. Le personnage qui les préside est élevé au-dessus d'eux sur un trône : sa tête est ornée d'une couronne, un manteau tout brillant d'or couvre ses épaules. Au milieu de cette solennelle assemblée, sainte Catherine apparaît debout. On la reconnaît aux mêmes vêtements que nous lui avons vus dans le tableau précédent. Elle est ici dans l'attitude d'une personne qui répond, avec simplicité et assurance, à une question qu'on vient de lui adresser.

Au tableau suivant, les mêmes hommes dont nous venons de parler, à l'exception de celui qui porte une couronne d'or, sont réunis et garottés, au milieu d'un bûcher en flammes. Ils lèvent vers le ciel des yeux pleins d'espérance. Debout, près du bûcher, sainte Catherine semble exhorter et encourager les pauvres victimes.

Dans le quatrième tableau, vous reconnaissez également sur un trône, le mystérieux personnage à la couronne et au manteau chamarré d'or. Il est dans une splendide cour d'honneur. A peu de distance, est une affreuse idole. Il est facile de voir aux gestes de l'un et de l'autre, que le prince invite la Sainte à brûler de l'encens devant la mensongère divinité, et que la Sainte s'y refuse avec une noble énergie.

A la cinquième fresque, notre jeune Sainte est enchaînée dans un cachot, et des traces de blessures apparaissent sur son visage. Auprès d'elle se tient un homme de guerre dont le costume indique un grade élevé ; il écoute avec respect les paroles de la Sainte, et semble prendre, en sa présence, un solennel engagement.

Au sixième tableau, sainte Catherine se montre à la fenêtre d'une tour où elle est enfermée. Au pied de la tour on voit une dame richement vêtue et dont le front est ceint d'un diadème. Elle s'entretient avec sainte Catherine et celle-ci semble l'instruire.

Dans un coin de la fresque, formant comme un septième tableau, un sujet détaché représente la mystérieuse princesse debout au milieu des flammes. Ses regards se portent avec amour vers la tour où elle aperçevoit encore sainte Catherine.

Un drame non moins terrible s'accomplit dans le huitième tableau. Auprès de la Sainte, dont l'attitude demeure impassible, gisent à terre les débris d'une double roue brisée. Des bourreaux sont autour : ils frémissent de rage; plusieurs sont blessés. Le personnage à couronne et manteau d'or, la haine dans les yeux, contemple la scène lugubre du haut d'un balcon. Un ange, les ailes déployées au-dessus de la Sainte, la protége.

Dans le neuvième tableau, sainte Catherine est à genoux, les mains croisées sur la poitrine, ainsi qu'elles se placent instinctivement dans une ardente prière. Debout, près d'elle, un bourreau lève une large épée, dont il va la frapper. Une compagnie de gardes, armés de boucliers, l'entourent.

Au tableau suivant, le martyre de sainte Catherine est accompli. Le corps inanimé de la Sainte est étendu sur le sol, tandis qu'un ange recueille son âme, sous la forme d'une colombe, et l'emporte au ciel.

Au onzième tableau, un homme retire avec respect le corps de la Sainte d'une espèce de lac où il avait été jeté. Sur le rivage de pieux chrétiens agenouillés contemplent avec vénération la dépouille mortelle de la Sainte.

Au douzième tableau, des anges transportent à travers les airs, le corps de sainte Catherine.

Explication des peintures de Masaccio.

Vous avez suivi des yeux, jeunes lectrices, ces tableaux dans lesquels le pinceau d'un illustre artiste a tracé les principales circonstances de l'histoire de sainte Catherine. Écoutez-en maintenant l'explication. C'est la vie de votre jeune Patronne dont vous allez entendre le récit.

Naissance et premières années de sainte Catherine. Son ardeur pour s'instruire dans les sciences humaines et dans la religion.

Sainte Catherine naquit vers la fin du IIIe siècle, à Alexandrie, en Égypte. Ses parents, issus de sang royal, occupaient les plus hauts emplois de l'Empire. La voyant douée d'une intelligence précoce et animée du désir de s'instruire, ils la firent élever avec soin, dès son enfance, dans l'étude des sciences humaines. Catherine s'y livra avec tant d'ardeur, qu'à peine âgée de dix-huit ans, elle possédait des connaissances qui étonnaient les plus érudits [1].

Mais si, malgré la faiblesse de son âge, elle avait pu s'initier aux secrets de la science humaine, elle n'avait point négligé la grande science de Dieu et de la Religion. Celle-ci avait toujours eu un attrait particulier pour Catherine : elle ne se servait même de ses vastes connaissances dans les sciences profanes, que pour s'édifier davantage dans la science de Dieu, pour en établir avec plus de sûreté les fondements contre les vaines subtilités de la fausse philosophie, pour ramener à la foi toutes ses pensées, et pour les appliquer ensuite de toute sa force

---

[1] Eusèbe, l'un des plus anciens historiens, rapporte dans le VIIe Livre de ses *Histoires*, au sujet de notre Sainte, que « ce n'était « point chose extraordinaire, à Alexandrie, de voir des femmes « instruites les lettres humaines et la philosophie. »

aux saintes et bienheureuses pratiques de la piété chrétienne [1]. C'est assez dire que, toute jeune qu'elle fût, Catherine n'était pas seulement un prodige de science et d'érudition, mais qu'elle était encore un modèle de vertu et de sainteté.

Sainte Catherine en face de Maximin.

I

On était en l'année 307 de l'ère chrétienne. Maximin-Daïa venait de se faire proclamer empereur. C'était un ennemi cruel des chrétiens ; son premier acte avait été une sanglante persécution [2]. Depuis plusieurs mois, elle sévissait avec fureur, lorsque Catherine (qui, d'après toute probabilité, venait de perdre ses parents et se trouvait ainsi seule responsable de ses actes), fut inspirée d'un saint zèle pour la défense des chrétiens. Elle alla trouver le tyran, auprès duquel sa naissance lui donnait accès. Après lui avoir avec fermeté reproché sa barbarie, elle lui démontra, par les plus solides raisonnements, qu'on ne pouvait être sauvé sans la foi en Jésus-Christ [3].

II

Maximin faisait d'ordinaire payer de la mort toute remontrance faite à l'endroit des chrétiens. Cependant frappé du savoir et de la prudence dont la

1. Pensées de Bossuet. — Panégyrique de la Sainte.
2. La neuvième qui soit mentionnée dans l'histoire.
3. Légende du *Bréviaire romain*. — Fidem Christi ad salutem necessariam esse affirmavit.

jeune vierge avait fait preuve dans son plaidoyer, il se relâcha de ses instincts sanguinaires pour ce jour-là. Il pensait d'ailleurs que s'il parvenait à faire apostasier une telle chrétienne, je veux dire à la faire renoncer à Jésus-Christ pour embrasser le culte des faux dieux, ce serait un triomphe éclatant pour le paganisme.

En conséquence, le tyran donna l'ordre que Catherine fût gardée à vue dans le palais; et ayant fait réunir ce qu'Alexandrie et ses environs possédaient alors de plus habile et de plus savant parmi les docteurs de sa fausse religion, il promit des récompenses à ceux qui parviendraient à changer les convictions de Catherine et la ramèneraient au culte des idoles. Cinquante philosophes ou chefs des écoles agréèrent la proposition de Maximin.

Sainte Catherine discute avec les philosophes et les convertit. Ils meurent martyrs de la foi qu'elle leur a enseignée.

Au jour marqué, les philosophes furent convoqués et Catherine mise aux prises avec eux. Maximin avait voulu être présent à la conférence. Chacun des païens devait interroger la jeune fille, lui faire des objections, réfuter ses raisons. Ils s'acquittèrent de leur mieux de cette tâche; mais, malgré tout leur savoir, Catherine, forte de la science qu'elle avait puisée dans l'étude de la loi de Dieu et dans les leçons des ministres sacrés, demeura victorieuse.

Les philosophes s'avouèrent vaincus et cessèrent la lutte[1]. Que dis-je? Éclairés par les enseignements

---

1. Une des brochures de notre bibliothèque dédiée à la jeunesse porte ce titre : COMMENT UN ENFANT CHRÉTIEN, AVEC SON CATÉ-

qui sortaient des lèvres de Catherine, et convaincus par ses raisonnements de la vanité de leurs doctrines, ils se convertirent sur le champ; et la grâce d'en haut agissant sur leur cœur, ils proclamèrent hautement devant l'empereur, qu'ils croyaient au Dieu de Catherine, qu'ils adoraient Jésus-Christ.

Irrité de l'issue d'une conférence qu'il n'avait ménagée que pour assurer le succès des faux dieux, Maximin se vengea en tyran. Il condamna les cinquante philosophes, devenus chrétiens, à être brûlés vifs, et à l'heure même, ils furent conduits au martyre. Au milieu des flammes, on les entendit louer Dieu et le bénir de leur avoir ouvert les yeux sur les erreurs profondes dans lesquelles ils étaient précédemment plongés, et de s'être servi de la parole d'une humble jeune fille pour opérer cette merveille.

Astuce et cruauté de Maximin pour sainte Catherine.

Pour Catherine, la palme et la récompense devaient être acquises au prix d'un plus long combat. N'ayant pu la convaincre par les raisonnements, Maximin employa les promesses : honneurs, richesses, dignités même, rien ne fut négligé; mais la Sainte ne répondit à toutes ces avances que par des refus. Le dernier espoir du tyran était dans les tortures du supplice; il y eut recours. Après avoir fait cruellement battre la Sainte de verges chargées de plomb, il donna l'ordre de la jeter dans un cachot et de l'y laisser sans nourriture.

CHISME EN SAIT PLUS QUE TOUS LES PHILOSOPHES DE L'ANTIQUITÉ. On y suit avec intérêt un jeune chrétien à l'Aréopage, en face des anciens philosophes. Ce n'est qu'une ingénieuse allégorie. Le récit de la vie de sainte Catherine fait voir la réalité.

Mais, ô merveille! dans sa prison, Catherine continua à prêcher le nom de Jésus-Christ et à lui gagner de nouveaux adorateurs.

Sainte Catherine convertit le général et l'épouse de Maximin.

Porphire, général des troupes de l'empire, fut le premier qu'elle convertit ainsi à Jésus-Christ. Il avait appris ce qui s'était passé au sujet de Catherine, et n'avait pu résister au désir de la voir et de s'entretenir avec elle. Il vint donc la visiter dans son cachot, et fut si profondément touché de ce que lui dit la Sainte sur la vanité des idoles, qu'il renonça à ses superstitions pour adorer Jésus-Christ.

Après Porphire, l'épouse de Maximin elle-même fut convertie à la foi. Instruite du sort de Catherine elle brûlait du désir de converser avec elle. Ne pouvant pénétrer dans son cachot à cause de la défense du prince, elle se rendit au pied de la tour où Catherine était enfermée, et l'appelant par son nom, elle l'engagea à lui parler à la fenêtre de sa prison.

Catherine se rendit aux vœux de la reine; et elle lui parla de Dieu, de Jésus-Christ, du ciel, avec tant de force et d'onction, que l'épouse de Maximin se fit baptiser immédiatement, et, que, persécutée à son tour pour ses nouvelles croyances, elle préféra périr dans les flammes, plutôt que de renoncer au Dieu que Catherine lui avait fait connaître.

Affreux supplice réservé à sainte Catherine.

Ces nouvelles conversions avaient porté au comble la fureur du tyran. Voyant que tout ce qu'il avait imaginé pour faire apostasier Catherine était inutile, il résolut d'en finir avec elle et la condamna à mort. « Mais, avait-il dit, que son supplice satisfasse mon indignation, et que ses tortures me vengent. »

En conséquence, il avait commandé un instrument de supplice plus raffiné que celui dont on se servait ordinairement. C'était une machine composée de plusieurs roues armées de pointes tranchantes et acérées, sur l'une desquelles la Sainte devait être garrottée. Par une combinaison infernale, les roues, agissant en sens inverse, devaient déchirer le corps en lambeaux. On était au onzième jour depuis l'arrestation de Catherine : Dieu l'avait soutenue miraculeusement pendant ce long jeûne.

L'instrument de mort fut dressé devant le tribunal. A sa vue Maximin eut un sourire de satisfaction et de rage; mais Dieu qui réservait à Catherine la gloire des martyrs, ne permit pas que le tyran eût la joie d'assouvir sa brutale vengeance.

A peine Catherine eut-elle approché de l'horrible machine, que les liens qui en unissaient les diverses parties se rompirent; les roues elles-mêmes volèrent en éclats.

La foule fit entendre des cris; c'était la protestation de quelques spectateurs. Subjugués par l'éclat du prodige, ils se déclarèrent chrétiens et demandèrent à partager le sort de Catherine. Ainsi la jeune vierge continuait à prêcher Jésus et à lui gagner des adorateurs, jusque sous les étreintes de la mort.

Mort de sainte Catherine.

Accablé sous la honte et l'humiliation de sa défaite, Maximin se retira dans son palais et ordonna au bourreau de frapper la Sainte d'un coup d'épée. A la vue de l'exécuteur, Catherine sembla puiser des forces nouvelles. « O mon Dieu ! murmura-t-elle, voici donc enfin le bienheureux moment qui doit assurer ma victoire et ma félicité ! » Elle dit, et levant les yeux au ciel, elle reçut le coup fatal, et expia en répétant le nom de Jésus.

Conclusions à tirer pour une jeune chrétienne de la vie de sainte Catherine.

I

Tel est, jeunes chrétiennes, le récit de la vie et de la mort de la glorieuse Sainte, que l'Église vous offre elle-même pour patronne. Mais, comprenez-le bien, ce n'est pas sans motifs qu'elle l'a choisie pour la présenter à votre culte spécial, parmi tant de jeunes vierges, dont elle honore et fête la mémoire. Sans doute elle a pensé que Catherine, en raison de sa jeunesse, devait avoir pour votre âge, qui fut le sien, une prédilection particulière, et que cette prédilection serait pour vous une source féconde de bénédictions et de grâces : mais tout important que soit ce motif, il n'est que secondaire. Il en est un autre plus sérieux peut-être : l'Église n'avait pas de plus beau modèle à proposer à votre imitation.

Ne vous bornez donc pas, jeunes chrétiennes, à invoquer votre Patronne ; imitez-la.

II

Tout d'abord étudiez, comme sainte Catherine, la science de la religion, et, à son exemple, faites passer avant toute chose, cette importante étude. Puissiez-vous, comme sainte Catherine, lorsque vous aurez pris votre place dans le monde, être en état de convaincre, au besoin, par vos raisonnements, les esprits égarés ! Du moins, puissiez-vous répandre autour de vous la lumière de la vérité, et toujours charmer et attirer à Dieu vos amis et vos proches par la pieuse et naïve éloquence de vos convictions !

Mais n'oubliez pas que Catherine opéra ces prodiges et obtint ces résultats parce qu'elle était humble et peu confiante en ses propres talents. Elle n'avait point appris pour la sotte prétention de savoir et ne s'était point instruite par vanité. Et quand l'Église vous la représente aux prises avec les philosophes, elle a plus à cœur de vous faire remarquer qu'elle fut victorieuse de leurs flatteries et des éloges qu'ils lui adressèrent, que de vous la montrer triomphant de leurs erreurs et de leurs subtilités.

III

La seconde leçon que vous devez retirer, jeunes chrétiennes, de la vie de sainte Catherine, c'est qu'elle conserva et développa toujours en elle deux vertus, dont son nom rappelle le souvenir, l'innocence et la modestie [1].

L'innocence et la modestie ! ces aimables vertus ne font-elles pas le charme de votre âge et l'honneur de votre front ? mais, hélas ! la moindre haleine du mal peut les déflorer, le plus léger souffle du monde les peut ternir : car elles ressemblent au miroir dont la transparence est subitement altérée, à la rose, au lis, que vous voyez se faner au contact de votre main.

---

1 Catherine vient du mot grec Καθαρος. Ce mot signifie : pur, innocent, modeste.

Tous ceux qui approchaient de sainte Catherine, amis ou étrangers, ennemis ou admirateurs, pauvres ou puissants, subissaient les effets de sa suave présence et se sentaient animés du désir d'être bons et de servir Dieu, encore plus par l'attrait irrésistible de la vertu de la jeune vierge, que par le charme de sa parole. Puisse-t-il en être ainsi de toutes les jeunes filles chrétiennes, qui la vénèrent comme leur patronne !

Légende du moyen-âge, sur la translation du corps de sainte Catherine.

I

Une charmante légende du moyen-âge raconte que le corps de sainte Catherine fut transporté par des anges sur le mont Sinaï.

Overbeck, célèbre peintre allemand, a reproduit cette légende avec toute la délicatesse et la pureté de son pinceau chrétien. Le corps de la Sainte, vêtu d'une robe blanche, est transporté à travers les airs par quatre anges : les deux premiers soutiennent les pieds de sainte Catherine, dont la tête inclinée repose sur les bras enlacés des deux autres. L'attitude recueillie des anges, leurs longs vêtements, le respect avec lequel ils contemplent la Sainte, la mystérieuse épée que tient à la main celui qui semble diriger la marche, le visage de Catherine éteint par la mort, mais sur lequel se reflète la paix du ciel, la teinte sombre du tableau, le silence qui règne dans toute cette scène, l'immensité du ciel sur lequel apparaît le céleste groupe, la terre qu'on aperçoit dans le lointain, tout parle à l'âme dans cette délicieuse composition.

Or, voici l'explication de la pieuse légende.

II

Après le martyre de sainte Catherine, son précieux corps avait été jeté dans un lac profond, par ordre de Maximin, qui voulait ainsi le soustraire à la vénération des premiers chrétiens; mais ceux-ci, au prix de grands efforts, finirent par le retrouver, et ils lui élevèrent à Alexandrie une magnifique sépulture. Pendant les trois siècles qui suivirent, ce tombeau devint le but de constants pèlerinages. Mais avec le viiie siècle, toutes ces pieuses visites durent cesser : les farouches sectateurs de Mahomet, qui venaient de réduire sous leur joug presque tout l'Orient, ne les eussent pas autorisées. Par suite de cette persécution, le tombeau de sainte Catherine fut peu à peu délaissé; puis entièrement oublié.

Dans le cours du viiie siècle, par une circonstance providentielle, des religieux en firent la découverte. Toutefois, de peur que les reliques de la Sainte ne fussent profanées par les Sarrasins, ils les transportèrent dans un monastère qu'ils avaient en Arabie, sur le mont Sinaï [1].

Falconius, archevêque de San-Severino, fait à ce sujet l'observation suivante : « Si l'on a dit que le corps de sainte Catherine a été porté par des anges sur le Sinaï, c'est par la raison que l'habit des cloîtres a souvent été considéré comme un vêtement angélique, et qu'anciennement les moines étaient appelés anges, à cause de la sainteté de leurs fonctions toutes célestes. »

---

1. Ce monastère, bâti par sainte Hélène, avait été considérablement agrandi et embelli par l'empereur Justinien.

III

Quoi qu'il en soit, c'est dans le même monastère, qu'aujourd'hui encore sont conservées, en grande partie du moins, les précieuses reliques de sainte Catherine. Dans un voyage que fit au mont Sinaï, en 1832, le R. P. de Géramb, il eut le bonheur de vénérer ces restes sacrés. Le pieux religieux raconte dans le *Journal de son voyage*, qu'ils sont recouverts d'une riche étoffe; que la tête de la Sainte est surmontée d'une couronne d'or, et que ses doigts sont ornés de diamants du plus grand prix.

Historique du culte de sainte Catherine en France, dans les universités et dans les écoles de jeunes filles.

I

Ainsi qu'il vient d'être dit, l'histoire de l'Église nous apprend que, dès la plus haute antiquité, sainte Catherine était invoquée. Aux ixe et xe siècles, nous voyons de saints anachorètes, parmi lesquels on peut citer saint Paul de Latre, célébrer la fête de la Sainte avec une dévotion et une solennité extraordinaires.

Ce ne fut toutefois qu'au xie siècle que son culte se répandit en France. Un moine du Sinaï, nommé Siméon, étant venu dans nos provinces du Nord, et s'étant arrêté à Rouen, y laissa des reliques de la Sainte.

II

Les écoles de philosophie furent les premières à accueillir le culte de sainte Catherine. La raison en est facile à comprendre. Professeurs et élèves se souvenant que la jeune Sainte avait converti à la foi et soutenu dans leur martyre cinquante philosophes païens, se firent un devoir de la regarder comme leur patronne. Il en fut ainsi durant tout le moyen-âge et pendant les siècles de la Renaissance. Ajoutons que dans les grands établissements scolaires, dans les universités surtout, la fête de sainte Catherine était célébrée avec une grande solennité.

« En ce jour-là, disent les anciens chroniqueurs,
« il y avoit vacance pour les escoliers ès philosophie,
« et les professeurs, suivis de leurs élèves, se ren-
« doient processionnellement, en robe fourrée, à
« l'église paroissiale où un office solennel estoit
« célébré. Et pour complester la feste du jour,
« il y avoit, le soir grand festin, et représentation
« d'un *mystère* [1] sur le martyre de la Saincte. »

III

Il serait difficile de préciser à quelle époque et comment le culte de sainte Catherine passa des universités et des écoles de philosophie dans les écoles de jeunes filles. Toujours est-il que dans le cours des âges, les jeunes chrétiennes, s'appuyant, non plus sur la conversion des philosophes opérée

---

1. On nommait *mystères* au moyen-âge les représentations de sujets religieux, empruntés à l'Histoire sainte ou aux annales de l'Église.

par sainte Catherine, mais sur les beaux exemples qu'elle avait donnés pendant sa vie et dans sa mort, revendiquèrent les bénéfices d'une gloire qui semblait devoir leur appartenir à plus juste titre qu'aux jeunes philosophes, et la demandèrent pour patronne.

La force des choses leur donna raison. Quoique les jeunes philosophes regardent encore sainte Catherine comme leur patronne, elle est plus exclusivement encore celle des jeunes filles.

IV

Est-il nécessaire d'ajouter, mes enfants, que le 25 novembre, jour de la fête de sainte Catherine, est joyeusement célébré dans les couvents, comme dans les institutions et dans les familles vraiment chrétiennes ? Vous savez ces choses bien mieux que moi. Croyez-le bien, j'y applaudis de grand cœur, et bien volontiers, je dirais avec un de vos meilleurs amis : « Il n'y a rien de plus gracieux que ces essaims de joyeuses enfants se livrant, le jour de la sainte Catherine, sous les yeux de leurs mères ou de leurs maîtresses, aux amusements de leur âge et à toutes les distractions qu'autorise la religion. »

Mais vous êtes assez pieuses, je le suppose, jeunes lectrices, pour ne pas désirer seulement de vous divertir, le jour de la Sainte-Catherine; vous voulez encore plus, j'en suis sûr, attirer sur vous les bénédictions de votre Patronne, par la manière chrétienne dont vous célébrerez sa fête. Écoutez donc ce qui me reste à vous dire ici pour vous aider dans votre excellent projet.

Comment une jeune chrétienne doit se diposer à la fête de sainte Catherine.

Tout d'abord, mon enfant, pensez à la fête de votre sainte Patronne quelques jours à l'avance. A partir du 22 novembre, par exemple, commencez un *triduum* préparatoire.

Pendant ces trois jours, vous ferez vos prières du matin et du soir avec une piété exceptionnelle.

Si vous possédez l'histoire ou la vie de sainte Catherine, vous en relirez, tous les soirs, quelques passages. Au besoin, servez-vous de cette petite brochure.

Que votre obéissance, votre docilité, votre douceur, votre fidélité au travail, consolent tout particulièrement vos parents et vos maitresses, pendant ces trois jours.

Imposez-vous aussi, chacun de ces jours, quelque sacrifice dans la pensée de faire plaisir à sainte Catherine. Évidemment celui qu'elle appréciera le plus est la correction de vos défauts.

Si vous avez fait votre première communion, approchez de la sainte table, en terminant votre *triduum*, le jour même de la Sainte-Catherine. Rien ne pourrait être plus agréable à cette Sainte ; et, à coup sûr, ni vos parents, ni vos maitresses, ni votre confesseur ne mettront obstacle à votre pieux désir. Si vous êtes trop jeune pour communier, du moins confessez-vous de tout votre cœur. Nous avons dit précédemment qu'une jeune chrétienne doit imiter l'innocence de sainte Catherine. La meilleur moyen n'est-il pas de purifier votre conscience par une bonne confession ?

Enfin, chacun des jours du *triduum,* mais surtout le jour de la fête, efforcez-vous de dire quelques bonnes paroles à sainte Catherine, pour la louer, pour la bénir, pour la remercier de toutes ses bontés à votre égard. Réclamez aussi de Dieu, par son intercession, quelque grâce particulière pour vous ou pour ceux que vous aimez.

Si vous n'avez pas de prière spéciale qui puisse vous aider à formuler toutes ces pieuses suppliques, servez-vous de la suivante. Récitez-la dévotement, seule ou avec vos compagnes.

Prière à sainte Catherine.

Aimable sainte Catherine, qui avez été choisie par l'Église, pour patronne et protectrice de l'enfance et de la jeunesse, nous sommes heureuses de vous savoir si glorieuse au ciel et si puissante auprès de Dieu. Bien des fois nous avons éprouvé les merveilleux effets de votre douce intervention, et de la vigilante sollicitude avec laquelle vous éloignez de nous les dangers qui menacent nos âmes : nous vous remercions aujourd'hui de cette vigilante sollicitude et de cette intervention maternelle, aussi bien que de toutes les grâces que vous nous avez obtenues. La faiblesse de notre âge, notre légèreté habituelle, nous ont, hélas ! trop souvent empêchées de profiter de vos bienfaits; mais nous vous promettons désormais de mieux répondre à vos bontés et de nous en rendre dignes de plus en plus, en imitant les vertus dont vous nous avez donné l'exemple. Nous imiterons surtout votre aimable pureté de cœur et l'ardente piété que, dès votre jeune âge, vos compagnes et les anges de Dieu admiraient en vous. A ce titre, grande Sainte, conti-

nuez-nous votre protection puissante, nous vous
en conjurons; et aidez-nous à devenir de plus en
plus des jeunes filles studieuses, fidèles à la prière,
soumises et obéissantes, généreuses devant le devoir, en un mot des jeunes filles vraiment chrétiennes. Ainsi soit-il.

Les heureux fruits d'une bonne Sainte-Catherine.

Étiennette était, en 1880, une grande fille de dix
ans. Avec des qualités réelles, elle ne répondait qu'à
demi aux espérances que ses parents avaient d'abord
conçues à son sujet. Une incroyable paresse dont il
serait difficile d'indiquer la cause, paralysait les heureuses qualités de la jeune fille. Tout avait été inu-
tilement tenté depuis deux ans : avertissements, re-
montrances, punitions. Étiennette s'obstinait à suivre
les méchantes inspirations du démon de la noncha-
lance et de la paresse, dont elle semblait possédée.
Toujours en retard quand il s'agissait de se mettre
au travail, jamais elle n'achevait aucun de ses de-
voirs : encore le peu qu'elle en présentait à son institutrice n'obtenait-il le plus ordinairement que des
reproches justement mérités.

Parents et maitresses commençaient à désespérer.
La fête de sainte Catherine approchait. Étiennette
suivait le catéchisme de persévérance de sa paroisse.

A la réunion qui précéda le 25 novembre, le Directeur du catéchisme invita les enfants à bien célébrer la fête de leur Patronne. Dans son allocution, il
insista sur l'obligation qui incombe à une jeune chrétienne d'imiter sainte Catherine; et ce fut surtout

dans son zèle à s'instruire et dans son amour pour l'étude, qu'il proposa la vierge d'Alexandrie, comme modèle à son jeune auditoire.

Étiennette écouta en silence les sages avis du prêtre, en qui, du reste, elle avait pleine confiance. Tout en écoutant, elle se disait à elle-même : « C'est pour moi, certainement, que parle notre cher Directeur. En vérité, je suis très coupable et sainte Catherine doit être bien mécontente de sa méchante enfant. Et que de peines ne fais-je pas à ma mère et à ma bonne institutrice par ma paresse et par toutes les autres fautes qu'elle me fait commettre ? Que cela est mal ? Mais pourquoi ne pas en finir une bonne fois ? On m'a dit souvent que la chose dépendait de moi. Je le crois ; mais franchement je n'ai jamais voulu sincèrement me corriger. Sans aucun doute je serai bien agréable à sainte Catherine, si je prends aujourd'hui l'engagement de vaincre mon vilain défaut. »

De ces réflexions à une résolution sincère, il n'y avait pas loin. La grâce de Dieu aidant, Étiennette eut bientôt dit au fond de son cœur un de ces *oui* généreux qui sont une victoire. Elle sortit du catéchisme les yeux humides de larmes, mais la paix dans l'âme. Le lendemain, dès le matin, elle était installée gaiement au travail, et avant l'arrivée de son institutrice sa tâche était faite. Il en fut de même le soir et les jours suivants ; et depuis, la bonne volonté de la jeune convertie n'a pas fait défaut. Tout le monde s'en réjouit autour d'elle, et la mère d'Étiennette n'est pas la dernière à remercier sainte Catherine.

Le goûter de Sainte-Catherine et la part des pauvres.

C'était le 25 novembre ****. Tout un essaim de jeunes filles prenait ses ébats dans les salons de Mme de N***. Les unes s'y trouvaient à titre de cousines, les autres en qualité d'amies et de compagnes de cours des deux enfants de la maison, Marthe et Geneviève. On s'était beaucoup amusé depuis midi. L'heure du goûter venait de sonner. Mme de N*** invita son jeune monde à se rendre à la salle à manger. L'invitation n'eut pas besoin d'être répétée : l'appétit était excité par tous les jeux auxquels on venait de se livrer, et puis on s'attendait à d'agréables surprises. Nos jeunes filles ne furent point trompées dans leur espérance. Il fallait voir cette table chargée de plats sucrés, de fruits, de gâteaux et de confiseries de toutes sortes ! « Tout cela est pour vous, mes chères enfants » dit Mme de N***, en montrant du doigt toutes ces bonnes choses. « C'est sainte Catherine qui vous les envoie. Et si, comme je le pense, tout n'est pas absorbé dans le goûter, Marthe et Geneviève se feront un plaisir de disposer le surplus dans de petites corbeilles, et d'offrir au départ une de ces corbeilles à chacune de leurs invitées. »

Ce programme de la fête indiqué, Mme de N*** se retira, laissant les jeunes filles sous la garde de deux de leurs institutrices. Elle se rendait dans sa chambre de travail pour y retrouver les autres mamans.

Dès que Mme de N*** fut sortie, Louise, l'une des plus grandes de la bande joyeuse, vint dire quelques mots à voix basse à Marthe et à Geneviève. Quel était le secret ? Nulle autre oreille que celles des deux sœurs ne l'entendit. Mais il les avait enchantées, car elles s'écrièrent, toutes deux, à la fois : « Oh ! que tu as raison, Louise ! — Mais, ajoutèrent-elles, fais part toi-même à toutes nos compagnes de la bonne pensée que tu as eue, et, je n'en doute pas, tout le monde ici l'adoptera. »

Sans se faire prier davantage, Louise prit la parole et dit avec simplicité : « Mes bonnes amies, puisque Mme de N*** veut bien nous donner toutes les appétissantes choses dont cette table est chargée, c'est bien assez d'en prendre ici notre part. Pourquoi le reste de ce délicieux butin n'irait-il pas à l'ouvroir des petites Orphelines qui est tout près d'ici ? La Sainte-Catherine n'aura sans doute pas beaucoup de gâteaux à leur apporter. Ce sont cependant nos compagnes de catéchisme : elles ont donc bien droit que nous partagions avec elles nos petits trésors gastronomiques. »

La phrase de Louise n'était pas achevée, que, de tous les coins de la salle, retentissait ce cri : « À merveille, Louise, à merveille ! — Et nous irons, toutes, porter nos présents aux chères orphelines, si Mme de N*** veut bien nous le permettre. »

Une députation composée de Louise, de Marthe et d'une troisième, désignée par le suffrage universel de toute la salle, se rendit aussitôt à la chambre de travail de Mme de N***. Louise exposa timidement, mais en bons termes, le sujet de l'ambassade. A mesure que la jeune fille parlait, des larmes montaient dans les yeux de toutes les mamans. Quand elle eut fini son petit discours, Mme de N*** l'embrassa avec effusion, en lui disant :

« C'est du plus grand cœur, ma chère Louise, que

je donne mon adhésion à votre pieux projet ; et je vous en félicite toutes bien sincèrement. Après le goûter vous disposerez vos petites corbeilles, et vous irez toutes ensemble à l'orphelinat avec Miss Méry. »

Lorsque les ambassadrices furent de retour, et qu'elles eurent annoncé qu'elles avaient réussi dans leur mission, ce furent de vrais applaudissements. Dans la joie naïve que chacune des convives éprouvait par avance à la pensée de la visite qu'on ferait tout à l'heure, le goûter fut écourté, et l'on y pratiqua passablement d'actes de mortification. Tels et tels bonbons, dont on avait envie, mais dont on sut se priver pour les orphelines, en donnèrent l'occasion. J'ai ouï dire même que le beau gâteau monté, qui dominait la table, resta intact. À lui tout seul il s'installa dans une large corbeille : trois ou quatre autres paniers furent remplis de croquignoles, de massepains et de mille autres choses charmantes à voir et succulentes au palais ; et toute la joyeuse troupe se mit en marche vers l'orphelinat.

Inutile d'ajouter comment nos jeunes filles furent accueillies et par la Mère supérieure et par ses enfants. Ces chères petites étaient heureuses des douceurs qu'on leur apportait ; mais ce qui les touchait plus encore, c'est que toutes ces belles demoiselles du catéchisme eussent ainsi pensé à elles.

Quant à Louise et à ses jeunes amies, elles éprouvaient assurément cent fois plus de plaisir que n'eussent pu leur en procurer les meilleurs bonbons du monde ; et elles retournèrent dans leur famille, en se disant à elles-mêmes qu'elles n'avaient jamais célébré de plus agréable Sainte-Catherine.

APPENDICE.

—

Les principaux miracles de sainte Catherine.

I

Quand on n'aurait pas d'autres miracles à attribuer à sainte Catherine, que ceux dont nous avons fait mention, en racontant son martyre et sa mort, c'en serait assez pour illustrer sa mémoire. Mais combien de prodiges, non moins surprenants, n'a-t-elle pas opérés depuis le jour où, par un généreux trépas, elle a échangé la triste vie de ce monde pour la gloire du paradis! Les annales de l'Église d'Orient, et celles d'Alexandrie en particulier, où son corps réposa d'abord, en racontent un grand nombre. L'on voit également, par l'histoire de la période des croisades, qu'en maintes occasions, les chevaliers français, qui guerroyaient en Palestine ou en Égypte, ressentirent les merveilleux effets de l'intervention de la bonne Sainte. Depuis cette époque, que de faits bien admirables aussi, les universités et les maisons d'éducation n'ont-elles pas à relater à la gloire de la vierge d'Alexandrie!

Dans la chapelle de Saint-Clément, à Rome, dont il a été question dans les pages précédentes, un peintre, dont je ne saurais dire le nom, a consigné plusieurs des miracles opérés par sainte Catherine. Son œuvre orne la paroi opposée à celle où, tout à l'heure, nous suivions avec tant d'intérêt les plus importantes circonstances du martyre de la Sainte. Quatre fresques composent cette nouvelle série de peintures; malheureusement le temps et l'humidité les ont presqu'entièrement détruites.

Dans la première, on voit une jeune fille se prosterner sur le tombeau de la Sainte, en reconnaissance de la protection qu'elle en a reçue, au milieu d'un grand danger. — A la deuxième, la Sainte intervient auprès d'une pauvre malade, pour lui rendre la santé. — La troisième représente une famille, injustement accusée, implorant sainte Catherine et recevant d'elle une assistance qui la délivre. — Dans la quatrième, sainte Catherine apparaît au-dessus d'une maison submergée, pour en sauver les malheureux habitants.

II

A quelle époque, et à quels événements particuliers se rapportent les diverses peintures que je viens de décrire? Je ne saurais le préciser, jeunes lectrices. Mais que d'enseignements ne doivent-elles pas vous donner ?

Sainte Catherine a pu, par ses prières auprès de Dieu, rendre la santé à de pauvres malades : ayez aussi recours à elle quand vous souffrez. Mais, ne l'oubliez pas, elle s'intéresse surtout à vos âmes. Invoquez-la donc avec confiance, quand vous sentez vos jeunes âmes sous le coup de quelque douleur, de quelque peine poignante.

Êtes-vous accusée de quelque faute que vous n'avez point commise? Sans trop chercher à vous justifier, sans trop vous plaindre surtout, appelez à vous sainte Catherine. Les juges, auprès desquels son intervention servira, seront certainement mieux disposés à votre égard, que ne pouvaient l'être ceux qui allaient condamner la famille dont notre fresque a représenté les traits.

Est-ce la tentation qui se dresse perfide contre vous ? Vite, un mot d'alarme à votre chère Patronne. Vous échapperez au danger, comme la jeune chrétienne du premier tableau.

Fussiez-vous sous le point d'être comme submergée par les flots de l'épreuve et de la tentation, son intervention puissante, aidée du secours de la Très-Sainte Vierge, saura bien vous sauver, comme elle sauva les malheureux habitants de ce village à demi englouti sous les eaux.

Des attributs ou symboles caractéristiques de sainte Catherine.

I

On appelle *attributs* et *symboles* caractéristiques ou simplement *caractéristiques* des saints, certains signes ou emblèmes que, d'après la tradition, les peintres et les imagiers ne manquent pas de leur donner, lorsqu'ils les représentent dans les tableaux, dans les verrières ou dans les gravures. Ainsi, auprès de saint Jean, il est d'usage de placer un aigle ; dans les mains de saint Pierre on met deux clefs ; sainte Agnès tient un jeune agneau ; saint Laurent un gril ; sainte Cécile un instrument de musique.

II

Avec quels signes caractéristiques représente-t-on sainte Catherine ? Le plus ordinairement elle tient dans les mains une palme, et l'on voit auprès d'elle une roue armée de pointes de fer, à demi brisée. Son costume est aussi, le plus souvent, assez somptueux, et elle porte un diadème sur la tête. En quelques anciens vitraux, on voit de plus à ses pieds une tête ornée d'une couronne impériale.

Le sens de ces divers emblèmes est facile à saisir. La palme est le signe le plus usité du martyre. La roue indique le principal supplice auquel sainte Catherine fut condamnée. Le riche costume et le diadème sont le témoignage de sa noble origine. La tête à couronne impériale, jetée aux pieds de la Sainte, rappelle le triomphe qu'elle remporta, par la puissance de Jésus-Christ, sur le cruel tyran Maximin.

Complainte des anciens temps sur le martyre de sainte Catherine.

Les jeunes pensionnaires chantent cette complainte dans certains jeux, et surtout en exécutant ensemble des rondes.

> La vierge Catherine[1]
> Descendait d'un grand roi.
> Son père était païen,
> Et sa mère chrétienne.

1. Toutes les fois que le mot Catherine revient dans la pièce, il doit être prononcé Cathrine, sans l'e muet du milieu.

Refrain : Ave Maria,
Sancta Catharina,
Dei Mater.
Alleluia !

Son père était païen,
Et sa mère chrétienne.
Un jour, dans sa prière,
L'empereur la trouva.

Un jour, dans sa prière,
L'empereur la trouva.
« Que faites-vous, Catherine ?
« Que faites-vous donc là ?

« Que faites-vous, Catherine ?
« Que faites-vous donc là ?
— « Monseigneur, j'adorais
« Mon Jésus que voilà.

« Monseigneur, j'adorais
« Mon Jésus que voilà.
— « Ah ! quitte-le, Catherine !
« Adore celui-là.

« Ah ! quitte-le, Catherine !
« Adore celui-là. »
Et Maximin montrait
Une méchante idole.

Et Maximin montrait
Une méchante idole.
« Non, non ; plutôt mourir,
« Que d'adorer Juda. »

« Non, non ; plutôt mourir,
« Que d'adorer Juda. »
L'empereur en colère,
Sur une ¹ roue la plaça.

L'empereur en colère,
Sur une ¹ roue la plaça.
Quand elle ¹ fut sur la roue,
La roue ne tourna pas.

Quand elle ¹ fut sur la roue,
La roue ne tourna pas.
Il la mit dans le feu,,
Le feu ne brûla pas.

Il la mit dans le feu,
Le feu ne brûla pas.
Sa tête enfin tomba
Sous un fer meurtrier.

Sa tête enfin tomba
Sous un fer meurtrier.
Mais du ciel vint un ange
Chantant le Gloria.

Mais du ciel vint un ange
Chantant le Gloria.
« Courage, disait-il,
« Couronnée tu seras.

---

1. Les deux mots *une* et *elle* doivent se prononcer, dans le chant, comme s'ils n'avaient pas d'e final.

« Courage, disait-il,
« Couronnée tu seras.
« Et ta dévote mère
« Avecque toi jouira.

« Et ta dévote mère
« Avecque toi jouira.
« Mais le cruel tyran
« En enfer gémira. »

Ave Maria,
Sancta Catharina,
Dei Mater.
Alleluia !

DU MÊME AUTEUR

Grand Album historique des princes de la Maison de France, depuis ses plus anciennes origines jusqu'à nos jours (format in-folio), renfermant : 1° Dans 12 grands tableaux généalogiques plus de 200 notices; 2° 68 pages de texte illustré de près de 300 blasons et grandes armoiries. Prix........15 fr.

Abrégé du grand Album renfermant 8 tableaux biographiques et généalogiques. Prix........7 fr. 50.

Les Princes d'Orléans, le traité d'Utrecht et la loi salique. Etude historique.............1 fr.

Rome pendant le Carême et les fêtes de Pâques.....................................2 fr.

Pie IX. Récits anecdotiques................2 fr.

Histoire et épisodes du Denier de saint Pierre..............................1 fr. 25.

Les 32 années du Pontificat de Pie IX...30 c.

L'Histoire d'un conclave et l'Invasion piémontaise à Rome..........................30 c.

BIBLIOTHÈQUE DE NOTRE-DAME DES VICTOIRES.

Le Vade mecum des associés............75 c.

Le Pèlerin à Notre-Dame des Victoires..1 fr.

Calendrier coutumier et éphémérides...50 c.

Pie IX et Notre-Dame des Victoires.....50 c.

Neuvaines et choix de prières à Notre-Dame des Victoires.....................20 c.

M. Des Genettes, histoire de son portrait et de ses décorations........................15 c.

Le Testament de M. Des Genettes et l'histoire de son tombeau à Notre-Dame de Victoires.15 c.

Un triple prodige dû à l'intervention de Notre-Dame des Victoires............ ...15 c.

Sainte Aurélie, son histoire et son culte à Notre-Dame des Victoires....................15 c.

Le culte de saint Pierre à Notre-Dame des Victoires.............................20 c.

Bourges. Typ. Pigelet et Fils et Tardy.